ESTILO ②PROPIO
ESPAÑOL LENGUA EXTRANJERA

LA ESPAÑA MISTERIOSA
Clara Villanueva

le

LECTURAS NIVELADAS

SM

AUTORA

Clara Villanueva.

EQUIPO EDITORIAL

Coordinación editorial: M.ª Rosa de Diego.
Maqueta: Isidro García Sepúlveda.
Fotografías: Javier Calbet, J. M. Navia, Archivo SM, Yolanda Álvarez,
   Sonsoles Prada, Andrés Marín.
Cubierta: Equipo de Diseño de Ediciones SM.
Dirección editorial: Pilar Martín-Laborda.

Atención de pedidos:

Para el extranjero:
EDICIONES SM - Joaquín Turina, 39 - 28044 Madrid (España)
Teléfono 508 51 45 - Fax 508 99 27

Para España:
EN & B, Hispano Francesa de Ediciones, SA
Enrique Jardiel Poncela, 4-3° B - 28016 Madrid
Teléfono 350 05 96 - Fax 359 30 39
CESMA, SA - Aguacate, 43 - 28044 Madrid (España)
Teléfono 508 69 40 - Fax 508 49 09

© Ediciones SM - Madrid

ISBN: 84-348-4640-3
Depósito legal: M-15982-1995
Fotocomposición: Grafilia, SL
Huertas Industrias Gráficas, SA
Camino Viejo de Getafe, 55 - Fuenlabrada (Madrid)
Impreso en España-Printed in Spain

ÍNDICE

1. España, tierra de misterios 5

CIVILIZACIONES DESAPARECIDAS
2. Secretos de la prehistoria 7
3. La Atlántida y Tartesos 10

PUEBLOS LEGENDARIOS
4. Los gigantes 13
5. Los guanches 16
6. El valle perdido 18

MAGIA Y TRADICIONES
7. Las brujas 21
8. La noche de san Juan 24
9. El paso del fuego 26
10. Las almas errantes 28

ENIGMAS DE LO SAGRADO
11. Las vírgenes negras 31
12. La senda de la Vía Láctea 34
13. Reliquias y supersticiones 37

FENÓMENOS DE LA NATURALEZA
14. El hombre pez de Liérganes 41
15. El pulpo gigante de Cádiz 44

3

1 Espaῆa, tierra de misterios

Si lo que se busca es magia y misterio, difícilmente se puede escoger un país mejor que España. La península Ibérica ha estado durante muchos siglos aislada tras los Pirineos y ha conservado una gran riqueza de leyendas, ritos y misterios heredados de todas las civilizaciones que la habitaron a lo largo de la historia.

Los historiadores no saben con exactitud lo que ocurrió en España en los tiempos remotos de las primeras civilizaciones que poblaron estas tierras. Pero hay muchas historias, canciones y cuentos que recogen una tradición popular muy antigua. Algunos de esos mitos y leyendas son la base para muchas teorías fascinantes sobre el origen de nuestros antepasados.

Muchos lugares de España tienen todavía misterios por descifrar: dólmenes* monumentales que el pueblo atribuye a gigantes; cuevas misteriosas que guardan secretos milenarios en las profundidades de la tierra; pasadizos* secretos bajo castillos que fueron de los míticos templarios; lugares mágicos de aquelarre* donde aún hoy se reúnen las brujas; lugares donde pudo estar la legendaria Atlántida; montañas sagradas, fuentes milagrosas, bosques encantados y caminos iniciáticos* que recorrieron los peregrinos hacia Finisterre.

Casi debajo de cada piedra de la geografía española hay un secreto, una tradición velada, un tesoro escondido o una princesa encantada.

Gran parte de las figuras que esculpieron los canteros medievales en iglesias y catedrales tienen un valor simbólico. Reliquias sagradas pueblan ermitas y santuarios. Hay piedras gigantescas que curan de las enfermedades con sólo frotar el cuerpo contra ellas, e imágenes de santos que evocan antiguas divinidades precristianas. Muchas fiestas populares son una continuación de tradiciones milenarias. En la noche mágica de san Juan, el fuego y el agua purifican y renuevan cada año el ciclo de la historia.

En muchos lugares, todavía hoy, la gente cree que existen los fantasmas y misteriosos autostopistas en las carreteras.

Con los ojos y el espíritu abiertos, recorriendo caminos y preguntando a los viejos de cada lugar, se pueden descubrir fascinantes historias no sólo en pueblos abandonados o en montañas remotas, sino incluso bajo el asfalto* de las grandes ciudades.

Glosario

dolmen: monumento megalítico formado por una piedra horizontal sostenida por otras verticales.
pasadizo: paso estrecho.
aquelarre: reunión nocturna de brujas y brujos.

iniciáticos: que inician en las prácticas de algo secreto.
asfalto: sustancia de color negro que proviene del petróleo crudo.

2 Secretos de la prehistoria

La prehistoria es un período oscuro, lleno de incógnitas*, que los historiadores no han podido esclarecer. Aunque hay muchas teorías, nada se sabe con seguridad del misterio de los grandes monumentos megalíticos, que el pueblo creyó durante mucho tiempo obra de gigantes.

Por toda la península Ibérica, y por las islas, existen dólmenes, menhires* y crónlechs* que fueron levantados por hombres que no conocían los avances tecnológicos modernos.

Las grandes losas que forman el dolmen más grande de España, la Cueva de la Menga, uno de los tres que hay en Antequera, en la provincia de Málaga, llegan a pesar 180 toneladas. Aquí el misterio es el mismo que para las pirámides de Egipto: nadie se explica cómo, hace 25.000 años, aquellos hombres fueron capaces de transportar y levantar bloques de piedra tan grandes.

Tampoco se sabe para qué servían realmente estos monumentos. Unos autores hablan de enterramientos y otros de templos. Hay

quien asegura que señalan lugares donde se concentran energías especiales de la Tierra y en los que pueden ocurrir fenómenos paranormales.

Lo cierto es que muchos monumentos sagrados fueron construidos en las proximidades de estos lugares. En la cripta* de la capilla de la Santa Cruz, en Cangas de Onís, en la provincia de Asturias, todavía hoy existe un dolmen.

En la sierra en que se encuentra el monte Aralar, en el País Vasco, hay más de treinta dólmenes. Este lugar, que fue sagrado en la Antigüedad, está considerado como un lugar mágico dentro de la geografía española.

En el dolmen de Soto, en la provincia de Huelva, hay muchos grabados en las paredes que representan figuras humanas y símbolos parecidos a los de los canteros medievales. Algunos autores afirman que se trata de un cierto tipo de escritura.

Otro misterio es el de los llamados Toros de Guisando, en la provincia de Ávila. Son cuatro animales de piedra que están en medio de un campo. No se sabe si son toros, cerdos o elefantes. Se desconoce la fecha en que fueron esculpidos y la finalidad que tenían. Se dice que podían ser marcas que delimitaran una propiedad, o un lugar para sacrificar animales. Una leyenda dice que son los guardianes de un tesoro fabuloso que se esconde bajo ellos. Pero los hombres que construyeron los grandes monumentos de piedra desaparecieron sin revelarnos sus secretos. Tal vez nunca podamos descubrir el misterio que los envuelve.

Glosario

incógnita: lo que se desconoce.
menhir: una gran piedra clavada verticalmente en el suelo.

crónlech: una serie de menhires dispuestos en círculo.
cripta: lugar subterráneo en el que se solía enterrar a los muertos.

9

3 La Atlántida y Tartesos

El origen de los primeros pueblos que habitaron la península Ibérica es difícil de precisar. La historia no sabe nada de ellos, pero en las tradiciones populares han sobrevivido leyendas sobre las grandes civilizaciones que poblaron estas tierras mucho antes de que lo hicieran los fenicios, los griegos o los romanos.

La más espectacular de esas civilizaciones es la Atlántida, el famoso continente que se hundió bajo las aguas. Platón la situaba en una isla frente al estrecho de Gibraltar.

Pero hay teorías muy diversas. Unos dicen que la Atlántida es la mítica ciudad de Duyo, que, según los gallegos, permanece hundida frente a las costas de Finisterre. Otros autores la sitúan en las islas Canarias.

Una historiadora actual, Katherine A. Folliot, basándose en la descripción de Platón, ha llegado a la conclusión de que la Atlántida estaba en Andalucía y en el mismo lugar en que los arqueólogos sitúan a Tartéside.

En la edad del hierro, en el primer milenio antes de Cristo, existió en España una gran civilización que desapareció sin dejar rastro*: el legendario reino de Tartéside. Era grande y poderoso, y tenía más de doscientos pueblos y ciudades.

Su capital, Tartesos, estaba rodeada de canales para protegerla de los ataques. Los historiadores la sitúan en la desembocadura del río Guadalquivir, una zona muy rica y fértil.

Los romanos llamaron Turdetania a esta región del Guadalquivir. Ya se habla de este reino en la Biblia. Jonás, después de su aventura con la ballena*, navegó hasta un lugar llamado Tarsis. Las naves fenicias iban a Tarsis en busca de metales.

Sin embargo, para los arqueólogos e historiadores este pueblo sigue siendo un enigma*, porque no han descubierto ningún emplazamiento. No saben exactamente dónde estaba Tartéside, cómo era, ni por qué desapareció totalmente de la faz de la Tierra.

Durante siglos permaneció en el olvido hasta que en los años veinte el arqueólogo alemán Schulten publicó un libro sobre el tema. Pasó gran parte de su vida buscando su capital, que, según él, estaba en algún lugar entre Cádiz y Huelva.

En la desembocadura del río Tinto (Huelva) aparecieron los restos de un antiguo naufragio* con más de cuatrocientos objetos, que podían ser tartesios.

Algunos historiadores piensan que los tartesios fueron los primeros pobladores de España y que quizá fueron ellos quienes construyeron los grandes dólmenes de Antequera.

Se cree que Tartéside fue destruido por los cartagineses y que los supervivientes se mezclaron con los invasores. Con el tiempo sus pueblos quedaron enterrados bajo el barro depositado por el río Guadalquivir. El origen de los tartesios se desconoce con exactitud. Algunos dicen que eran una colonia de refugiados de la Atlántida. Por eso hay historiadores que piensan que la Atlántida y Tartéside eran el mismo reino. Pero estas dos grandes civilizaciones son todavía un misterio sin aclarar.

Glosario

dejar rastro: señal o huella dejados por algo.
ballena: mamífero marino de gran tamaño.

enigma: lo que resulta difícil de entender o de interpretar.
naufragio: pérdida o ruina de una embarcación.

4 Los gigantes

En los orígenes de la humanidad, España pudo ser un país habitado por gigantes. Por todas partes se cuentan leyendas y quedan huellas* que son tal vez el recuerdo de unos seres de dimensiones superiores a las de los humanos. Según la tradición, fueron una raza que degeneró tras el diluvio universal, hasta llegar a extinguirse. Quizá fueron los últimos supervivientes de la desaparecida Atlántida.

Se dice que Hércules, el gigante del mundo clásico, vino a España a realizar tres de sus doce famosos trabajos. En el estrecho de Gibraltar estaban las Columnas de Hércules y en La Coruña todavía se conserva el faro llamado Torre de Hércules, en recuerdo del héroe.

Andalucía está llena de historias sobre seres gigantescos levantadores de piedras. En Antequera, en la provincia de Málaga, la puerta de entrada a la antigua alcazaba* se llama Puerta de los Gigantes. En Granada, en la plaza de Bibarrambla, hay una fuente llamada Fuente de los Gigantones, que está sostenida por extrañas figuras mitológicas.

Algunas tradiciones identifican al gigante con el demonio, pero el folclor del norte de España cuenta que sólo son malos los cíclopes, es decir, los gigantes con un solo ojo en medio de la frente.

En el País Vasco, Galicia y Asturias hay muchas leyendas de gigantes que viven mar adentro: los tritones, las serpientes marinas y los individuos con cola de pescado.

La naturaleza también conserva las huellas de los gigantes. En Benidorm, en la provincia de Alicante, hay una isla que coincide exactamente con un corte que hay en el monte Puig Campana. El tajo se llama la «Cuchillada de Roldán» porque, según la tradición, fue el gigante Roldán quien, en un ataque de furia, lo cortó con su espada y lo arrojó al mar.

Las leyendas vascas dicen que los menhires son piedras que fueron arrojadas por Sansón, Roldán o Gargantúa, otro gigante muy famoso en todo el norte español.

El folclor popular todavía rinde culto a los gigantes, que son los protagonistas de muchos cuentos. En Valencia se queman grandes gigantes de cartón piedra en las famosas fallas, y en Sevilla, seis gigantes y una tarasca* salen en procesión para representar la expiación de los pecados.

En casi toda España, gigantes, cabezudos y enanos acompañan a las procesiones recordándonos a unos personajes míticos que ya no existen, pero que forman parte de las tradiciones populares.

Glosario

huella: rastro o vestigio.
alcazaba: recinto fortificado dentro de una población amurallada.

tarasca: serpiente de boca muy grande que se saca en algunas procesiones.

5 / Los guanches

Cuando en el siglo XV los españoles invadieron las islas Canarias, habitaba en ellas un extraño pueblo: los guanches.

Vivían en el Neolítico. No conocían los metales y utilizaban el hueso, la piedra, el barro cocido y la madera.

El escritor italiano Boccaccio cuenta que los guanches eran robustos, inteligentes y bastante civilizados, y que tenían el cabello largo y rubio y un carácter risueño.

Homero, Plinio y Platón creyeron que las «Islas Afortunadas», que era como se llamaba a las Canarias, eran el último vestigio de la Atlántida y que sus habitantes descendían de los atlantes.

Los cronistas franciscanos Boutier y Le Verrier relatan que eran más altos que sus conquistadores y que alguno de ellos medía casi dos metros y medio.

Vivían en cuevas. Se vestían con pieles y juncos. Eran pastores y agricultores. Fabricaban el gofio, una harina que todavía se come en las Canarias.

Adoraban al sol y creían que el espíritu del mal habitaba en un volcán. Momificaban a sus muertos. Cada isla tenía su rey y un dialecto propio.

Hay muchas cosas que los historiadores no se explican. La primera es que un pueblo que vivía en el Neolítico tuviera leyes y un alfabeto compuesto de signos (espirales, círculos concéntricos, laberintos*, figuras humanas y animales marinos). La segunda incógnita es que aunque supieran nadar no tenían embarcaciones. Nadie se explica cómo llegaron hasta allí, ni cómo se comunicaban entre las islas.

Eran muy valientes. Rechazaron a los conquistadores durante casi cien años. Pero sus armas primitivas no pudieron con los cañones de éstos.

En 1483 los españoles se apoderaron de las islas. Algunos se casaron con mujeres guanches y de ellos descienden los actuales canarios.

Cuentan que en 1630 un español preguntó al habitante más viejo de Gran Canaria lo que sabía del origen de los guanches, y el anciano le respondió: «Nuestros antepasados nos dijeron que Dios nos dejó aquí y nos olvidó».

Recientemente, los arqueólogos han descubierto que los guanches descienden de los zanatas, una tribu beréber que llegó del norte de África huyendo de los romanos en el siglo III de nuestra era.

Glosario

laberinto: numerosos caminos dispuestos de forma que es difícil encontrar la salida.

6 El valle perdido

El valle de las Batuecas, escondido entre las montañas de la provincia de Salamanca, es uno de los más bonitos de España, con un clima privilegiado y una frondosa vegetación.

Sin embargo, este valle, remoto e inaccesible en la Antigüedad, permaneció olvidado de los hombres durante muchos siglos. Cuentan las leyendas que sus habitantes vivieron hasta el siglo XV sin comunicarse con el resto del mundo.

Hay varias historias que hablan del descubrimiento del valle. Una de ellas cuenta que durante el reinado de Felipe II, un paje y una doncella de la casa del duque de Alba querían casarse contra la voluntad de su señor. Se escaparon y entraron en la sierra hasta encontrarse con los batuecos, los habitantes del valle.

Éstos eran seres indómitos*, que hablaban una lengua extraña y creían que eran los únicos pobladores de la Tierra. Las costumbres de este extraño pueblo se remontan al Neolítico.

Algunos estudiosos consideran que los batuecos son los descendientes de unos náufragos* que escaparon de una gran catástrofe. También se ha llegado a decir que podrían ser los descendientes de los atlantes que se refugiaron en este valle tras el hundimiento de la Atlántida.

La gente de las comarcas de alrededor imaginaba el monte habitado por salvajes. Hay crónicas que cuentan que el ganado no frecuentaba aquellas tierras porque los pastores temían encontrarse con esos extraños seres. Aunque nadie los había visto ni oído, se decía de ellos que andaban desnudos y que adoraban al demonio.

El escritor inglés George Borrow, en su descripción del valle de las Batuecas, habla de parajes misteriosos y de profundas lagunas habitadas por monstruos.

Describe este lugar como un valle maravilloso, tan estrecho, que sólo podía verse el sol a mediodía. Esta descripción ha hecho que algunos autores imaginen a los batuecos adorando a un dios solar, al que sólo veían una vez al día desde el fondo del estrecho valle.

En este valle las leyendas se confunden con la realidad. Los batuecos han conservado, hasta hace pocos años, rasgos étnicos puros porque, al estar aislados del mundo, sólo se casaban entre ellos.

El valle tiene todavía zonas sin explorar. El acceso a las partes más profundas sigue siendo difícil. Para llegar hay que ir a pie, por senderos intrincados*, siguiendo el curso del río Batuecas.

A pesar del turismo y de la reciente apertura al mundo de este valle, todavía quedan por descubrir muchos lugares que guardan celosamente extraños ídolos neolíticos y quién sabe cuántos secretos milenarios.

Glosario

indómito: difícil de someter o de dominar.
náufrago: persona que ha padecido un naufragio.
intrincado: enredado.

7 | Las brujas

En España, las brujas* tuvieron mucho protagonismo en el pasado. Hoy día, en algunas regiones, la gente del campo sigue creyendo en ellas y acude a verlas cuando necesita hierbas para curar enfermedades, librarse de alguien o protegerse de algún maleficio*.

En la Edad Media, las brujas tenían diversas funciones: vendían amuletos* que preservaban de los peligros, fabricaban pócimas* y ungüentos*, y creaban oraciones para cambiar el destino de las personas.

Según fray Martín de Castañega, un teólogo del siglo XVI, las había de distintas categorías: hechiceras, encantadoras, adivinas y brujas.

Sus reuniones se llamaban aquelarres y se celebraban en lugares secretos por toda España. Muchos topónimos de la geografía española guardan recuerdo de ellas. En Ainsa (Huesca) hay un lugar que se llama el Cabezo de las Brujas, y en Sos (Zaragoza) está el Barranco de las Brujas.

Existen cuevas famosas en las que se cree se reunían las brujas, como la de Cándano, en Asturias, o la de Zurragamurdi, en Navarra, y montañas y llanos que las recuerdan, como la Peña de las Brujas, en Plans (Huesca), o el Llano de las Brujas, en Alcantarilla (Murcia).

Pero las brujas no estaban limitadas por la geografía. Las brujas de Cantabria tenían fama de volar cada sábado hasta los arenales de Sevilla para celebrar sus rituales.

La inquisición en España no fue tan severa con las brujas como en los países del norte de Europa. La Iglesia tenía que ocuparse también de los moros y de los judíos conversos. El proceso de Zurragamurdi, en 1610, fue uno de los más famosos, porque en él se ordenó la quema de varias personas acusadas de brujería.

En Galicia es donde más se conserva la tradición de las brujas, que allí se llaman *meigas*.

El rey Felipe II designó una comisión para estudiar las artes diabólicas en Galicia. El informe oficial se conserva en la biblioteca de El Escorial. En él se dice que unos caballeros presenciaron cómo una bruja salía volando por la chimenea de una casa, montada en su escoba.

Las escobas también se usaban para protegerse de las meigas. En algunas aldeas recónditas* existe aún la costumbre de barrer la puerta de cada casa la última noche del año y gritar: «¡San Silvestre, meigas fuera!».

Hoy, todavía, en algunos pueblos aislados la gente cree en las meigas y en sus poderes. Una de las ocupaciones más frecuentes de éstas consiste en curar el mal de ojo* a la gente. Este extraño mal, sin tratamiento médico, se produce por la influencia maligna que algunas personas ejercen sobre otras con la mirada. Para protegerse, mucha gente usa talismanes*: un pedacito del Pórtico de la Gloria de la catedral de Santiago o un trocito de asta* de ciervo. Poner la escoba boca abajo detrás de la puerta de la casa por las noches también sirve.

Muchos objetos de artesanía que compran los turistas son versiones modernas de los amuletos que se usaban antes contra los maleficios.

Glosario

bruja: mujer que practica poderes sobrenaturales.
maleficio: daño causado por hechicería.
amuleto: objeto portátil al que se atribuyen poderes mágicos.
pócima: preparado medicinal.
ungüento: sustancia grasa que se usa con fines sacramentales, medicinales o como perfume.

recóndita: escondida u oculta.
mal de ojo: daño que una persona puede causar a otra mirándola.
talismán: objeto al que se atribuyen poderes sobrenaturales.
asta: cuerno.

8 La noche de san Juan

La noche del 24 de junio es la noche de san Juan. Es la más corta del año, en la que todo es posible.

En toda España se celebra con la quema de hogueras y con ritos de fuego y de agua. Éstos son de origen pagano y casi todos conmemoran el solsticio* de verano. A lo largo de la historia se han elaborado muchas creencias, costumbres, leyendas, supersticiones y refranes en torno a esa noche.

En Avilés (Asturias), esa noche se baila la «danza prima» formando un corro* en torno a la hoguera.

En muchos lugares se queman grandes muñecos que representan a viejas divinidades o a personajes legendarios, como Facundo, que se quema en la isla de Lanzarote, y Donibal en Muskiz, en la provincia de Vizcaya.

En Arucas, en la isla de Gran Canaria, se lanzan enormes bolas de fuego desde la cima de una montaña.

El contacto con el fuego purifica. Siempre ha sido un elemento esencial en todas las pruebas iniciáticas. En muchos pueblos los jóvenes saltan por encima de las llamas de la hoguera para demostrar su virilidad.

También esa noche el fuego tiene carácter de espectáculo. En

Alicante se queman, en todos los barrios, gigantescas hogueras con esculturas de vivos colores.

El agua es también fundamental en la noche de san Juan. En muchos pueblos se celebran ritos que consisten en bañarse en un río, una laguna o el mar, porque en esa noche el agua tiene propiedades mágicas.

En Torrox, en la provincia de Málaga, hay que mojarse la cabeza en una fuente; en Valencia hay que entrar tres veces en el mar, y en Egea de los Caballeros, en la provincia de Zaragoza, las jóvenes se bañan esa noche en el río para estar más bellas.

En algunas playas de Galicia se lleva a cabo el ritual de las nueve olas. Al amanecer, las mujeres que quieren tener hijos se tienden sobre la arena y dejan que nueve olas consecutivas les bañen el cuerpo. Algunas de estas costumbres provienen de antiguos ritos paganos de fertilidad.

Dicen que las plantas crecen más si se las riega con el rocío* de esa noche, y que las mujeres se vuelven hermosas si se lavan la cara en una fuente sagrada. También las enfermedades se curan y los deseos se cumplen en esa noche mágica, mientras arde el fuego y corre el agua en casi todos los pueblos de España.

Glosario

solsticio: época en que el sol se halla sobre el trópico.
corro: personas que se ponen en círculo.
rocío: gotas muy menudas que se forman con el frío de la noche.

9 El paso del fuego

En San Pedro de Manrique, un pequeño pueblo de la provincia de Soria, se celebra, desde hace más de mil años, una ceremonia que atrae a gentes de toda España y del extranjero: el paso del fuego.

La noche de san Juan, los hombres andan sobre las brasas ardientes de una gran hoguera. Van descalzos, llevando a alguien a la espalda, y nunca se queman.

La hoguera empieza a prepararse por la tarde. Varios miles de kilos de madera se apilan en la explanada de la ermita de la Virgen de la Peña, situada en una colina. Una pareja de guardias civiles vigila para que nadie lance objetos al fuego. Los turistas pasean por el pueblo bebiendo zurracapote*. Hay mucha expectación en el ambiente.

Poco antes de la medianoche, la explanada se llena de gente. Dos hombres, con palos muy largos, esparcen las ascuas* formando una alfombra de fuego que mide unos cuatro metros. Las brasas crepitan* al rojo vivo y despiden mucho calor.

Llegan los músicos y el alcalde*. Detrás de ellos, los héroes locales que van a pasar la prueba. Suelen ser doce y van descalzos.

La gente grita, la música suena y ellos bailan una danza primitiva alrededor de la hoguera. Cuando la campana de la ermita* da las doce, se hace el silencio. Un hombre se acerca al fuego. Todas las miradas se fijan en él. Con una joven a la espalda, el paso firme y sin miedo, empieza a pasar el fuego. No se oye ni una mosca. Cuando cruza el fuego, la gente aplaude con entusiasmo. Poco a poco pasan todos y ninguno se quema.

La gente del pueblo está orgullosa de esta ceremonia. La leyenda dice que sólo los de este pueblo pueden pasar sin quemarse y que sólo pueden hacerlo allí y esa noche. Ellos creen que les protege la Virgen o san Pedro, pero nadie se explica el misterio.

Como anécdota se cuenta que el cura de un pueblo vecino quiso probar que esto no era un privilegio de los habitantes de San Pedro y realizó la prueba. El resultado de dicha experiencia fue que tuvo que ser asistido en un hospital a causa de las quemaduras.

Glosario

zurracapote: bebida local, a base de vino, parecida a la sangría.
ascua: trozo de una materia, como la madera, que arde sin llama.
crepitar: dar chasquidos al arder.
alcalde: presidente del ayuntamiento.
ermita: iglesia pequeña situada a las afueras de un pueblo.

10 Las almas errantes

Cuando cae la noche en los bosques, las montañas o los caminos más aislados de España, la gente del campo tiene miedo de encontrarse con las ánimas. Éstas son las almas de los muertos que no han logrado el descanso eterno y que vagan, inquietas, asustando a los vivos.

En Galicia hay quienes aseguran que ven pasar por la noche en los bosques a la Santa Compaña. Se cree que es una procesión de almas errantes* que recorre bosques y caminos y que incluso cruza el mar, como lo hicieron en su día los emigrantes gallegos. Dicen que quien la vea pasar puede quedar atrapado por ella. Si se reconoce en la procesión* a algún vecino o familiar y se coge la vela que éste ofrece, hay que acompañar a la Santa Compaña en su errante vagabundear hasta encontrar a otra persona a quien cederle la vela.

La tradición gallega asegura que ver pasar a la Santa Compaña es un anuncio de la propia muerte y que sólo quienes han recibido la extremaunción* y han sobrevivido pueden verla sin ningún peligro.

Asturias tiene también su procesión de almas errantes. Se llama la *Güestia* y recorre los bosques y caminos acompañada de luces, murmullos y toques de campanillas.

Sin embargo, no todas las ánimas van siempre en procesión. En España abundan las historias de espíritus y fantasmas que vagan errantes, a pie o a lomos de un caballo sin jinete.

En Castilla y Aragón hay muchas tradiciones relativas a fantasmas de moros y de cristianos, y se cuentan historias sobre espíritus de caballeros andantes que vagan por los caminos con la armadura puesta.

En Toledo, una de las ciudades españolas en las que hay más leyendas de espíritus, la gente comenta que dos fantasmas famosos se pasean de noche por las calles: el del moro Abu Walid, que guarda la Peña del Moro, y el de la judía Raquel. Cuentan los viejos que Raquel fue la amante del rey Alfonso VIII, y que la mataron los nobles castellanos.

En Ávila, hay quien cree que es peligroso encontrarse con el espectro* de Nalvillos, un guerrero cristiano, terror de los musulmanes, que fue traicionado por su bella esposa. Su espíritu la sigue buscando para vengarse de ella.

En la Laguna de Taravilla, cerca de Molina de Aragón, dicen que existe un fantasma justiciero. Los habitantes del lugar cuentan que cada vez que alguien cometía un asesinato o un robo y arrojaba el cadáver o el botín* al lago, éste secaba dicho lago, descubriendo el delito*.

También en Aragón, en el monte Moncayo, las leyendas hablan de un fantasma bello y terrible. Se cree que en la Fuente de los Álamos vive el espíritu de la hermosa Constanza, una hechicera que se aparece a los jóvenes, los atrae con sus encantos y se hunde con ellos para siempre en las profundidades del agua.

Glosario

errante: que anda sin rumbo fijo.
procesión: sucesión de personas que caminan de forma solemne.
extremaunción: sacramento que se administra a fieles en peligro de morir.
espectro: fantasma.
botín: objetos robados.
delito: crimen.

11 Las vírgenes negras

Por toda España hay cuevas, capillas, ermitas y santuarios donde se veneran extrañas imágenes. Generalmente son representaciones de la Virgen María y el Niño. Sin embargo, tienen algo que las distingue de las vírgenes clásicas: son de color negro.

Aunque nadie puede explicar su origen ni por qué tienen tanta fama en hacer milagros, algunas de las vírgenes más populares, como la Moreneta de Montserrat, son de color negro. La tradición cuenta que algunas de ellas fueron esculpidas por san Lucas y que fueron enterradas para protegerlas de los moros.

Aparecieron en la Edad Media, y casi siempre de forma misteriosa. La mayoría eran descubiertas por pastores o por animales. La Virgen de Guadalupe se encontró en el lugar que eligió un toro para morir. La Virgen de Valvanera fue descubierta en el tronco de un árbol, rodeada de un enjambre de abejas.

Otras se encontraron en cuevas o en lugares que en la prehistoria fueron sagrados, sitios donde, desde antiguo, se creía que se concentraban las energías telúricas.

La Virgen de la Balma fue hallada por un pastor en una oscura caverna. El santuario de la Virgen de Nuria está donde antes había un menhir. Nuestra Señora de Aránzazu apareció en un monte que los antiguos vascos tenían como sagrado.

Se cuenta que muchas de esas imágenes se negaban a abandonar el lugar en el que habían aparecido. Cada vez que se intentaba trasladarlas, volvían misteriosamente a la cueva, el campo o la colina que ellas habían elegido.

La mayoría son pequeñas. La Virgen de Vallivana apenas mide medio metro. Están casi siempre en lugares elevados: en montañas altas, como Nuestra Señora de la Peña, en Francia; en colinas que dominan un valle, como la Virgen de Cullera, o rodeadas de rocas impresionantes, como la de Montserrat.

Hay autores que piensan que el color negro simboliza la

fertilidad, por lo que la aparición de estas imágenes representaría el renacimiento de un culto, el de la Madre Tierra, que el cristianismo había reprimido durante diez siglos.

Otros atribuyeron su aparición a los cruzados* que durante su estancia en Egipto se inspiraron del culto a la tierra negra del Nilo y a la diosa Isis para crear estas vírgenes de color negro.

Aunque no se sepa con certeza cuál es el origen de estas misteriosas vírgenes que todavía despiertan gran devoción, nos recuerdan aquellas épocas de la historia en que la divinidad se representaba con aspecto femenino.

Glosario

cruzados: los que participaron en la expedición que en la Edad Media organizaba la cristiandad contra los considerados infieles.

12 La senda de la Vía Láctea

Santiago es el patrón de España. Cada año, miles de peregrinos recorren el largo y difícil Camino de Santiago desde Francia hasta la tumba del santo en la catedral de Compostela, en Galicia.

Los peregrinos creen que los restos del santo están allí, pero es posible que toda la historia de Santiago sea una invención de la Iglesia medieval.

Se dice que el apóstol Santiago era hijo de Zebedeo y hermano de san Juan. Según la leyenda, Santiago vino a España después de la crucifixión de Cristo para predicar el Evangelio. En Zaragoza se le apareció la Virgen del Pilar. Después de predicar algunos años en España, volvió a Jerusalén.

Según datos históricos, fue decapitado* por Herodes Agripa en el año 44. Sin embargo, en ninguna parte se habla de su viaje a España, ni siquiera en la Biblia.

Aunque lo más probable es que sus restos estén todavía en Tierra Santa, la leyenda dice que dos de sus discípulos llevaron el cadáver* a Jaffa, en la costa. Allí se les apareció un barco sin velas ni tripulación que les llevó a Padrón, en Galicia, cerca de Santiago de Compostela. El viaje duró sólo siete días, un tiempo récord para los barcos de la época.

El cuerpo fue enterrado en tierras gallegas y olvidado durante siete siglos. Fue descubierto en Compostela en el año 813 por el obispo Teodomiro. Dicen que la visión de una estrella lo guió hasta allí, por eso el lugar se llamó «Campus estellae» o Compostela, que quiere decir «campo de estrellas».

Aquél era un momento oportuno para encontrar las reliquias de un santo tan importante, porque los árabes habían ocupado casi toda España y hacía falta un símbolo para la Reconquista.

Tras una visita del rey Alfonso II de Asturias, quien construyó una capilla, el santo fue adoptado como estandarte en la guerra contra los musulmanes. Según dicen, luego se apareció en numerosas batallas matando a miles de infieles. Por eso lo llamaron «Santiago Matamoros».

Durante la Edad Media, Santiago de Compostela fue el lugar más sagrado de la cristiandad, después de Jerusalén y Roma.

Sin embargo, es posible que los restos encontrados en Compostela sean de Prisciliano, un hereje que fue ejecutado en Italia el año 386. Su cuerpo fue llevado a España y enterrado en Galicia. El investigador Juan G. Atienza sugiere que el Camino de Santiago puede ser la ruta por la que llevaron el cuerpo de Prisciliano.

Lo más probable es que la ruta sea mucho más antigua. Se trataría de una peregrinación pagana que, durante milenios, ha seguido la senda que marcaban en el cielo las estrellas de la Vía Láctea. Su objetivo era llegar a Noya, zona que se conoce con el nombre de Finisterre, donde se creía que estaba el fin de la Tierra.

Glosario

decapitado: cortado la cabeza.
cadáver: cuerpo muerto.

13 Reliquias y supersticiones

El cristianismo tiene raíces muy profundas en la vida española. En muchos lugares se conservan reliquias* sagradas que son objeto de una gran devoción popular. En Caravaca (Murcia) hay un trozo de la que se cree fue la verdadera cruz de Cristo, y que apareció de forma milagrosa. En la catedral de Valencia está el Santo Grial, el cáliz de la Última Cena. Llegó allí tras una larga peregrinación que duró varios siglos. Cerca de allí, en la ciudad de Llíria, se conservaba una reliquia insólita: un trozo del ala del arcángel san Miguel. Las monjas* del santuario cuentan que alguien se lo llevó durante la guerra civil.

En algunos sitios se conservan partes de los cuerpos de los santos. En Valencia hay un brazo momificado de san Vicente Ferrer, y en Úbeda (Jaén) se veneran algunas partes del cuerpo de san Juan de la Cruz.

Otros pueblos tienen leyendas acerca del cuerpo incorrupto* de algún santo que erraba, a lomos de un mulo o un caballo, hasta que el animal se detenía y decidía el lugar donde debía ser enterrado el cuerpo. En la aldea de Bujanda (Álava) está la momia de san Fausto, que fue transportada hasta allí por un caballo errante.

Los santuarios y las ermitas están a menudo decorados con exvotos, objetos que los fieles ofrecen para agradecer al santo un

favor concedido. Esta costumbre de ofrecer exvotos, que se remonta a los iberos, todavía sigue viva. Por ello, es frecuente ver piernas, brazos o incluso estómagos de cera o plástico junto con prendas y fotografías de las personas curadas.

Cada iglesia está dedicada a un santo, a un cristo o a una virgen, y tiene en el altar una imagen del mismo. En muchos casos, dicha imagen apareció de forma milagrosa. En los pueblos y ciudades costeras abundan las tradiciones de imágenes que llegaron por mar, en una barca sin velas ni tripulantes.

En el monte Aralar, en el País Vasco, hay una imagen de san Miguel que es muy extraña. El santo está cubierto de una especie de escafandra*, que hace pensar más en seres venidos de otros planetas que en la tradicional figura del arcángel.

En Galicia se conservan muchas supersticiones y creencias que se han perdido en otras partes de España. En Las Nieves (Pontevedra) se celebra la romería a Santa Marta de Ribarteme. Curiosamente, forman parte de la procesión algunos ataúdes* ocupados por personas que creían que se iban a morir y que prometieron a la santa que si se curaban irían a la romería dentro de un ataúd*.

Existen otras fiestas que evocan supersticiones ancestrales. En Castrillo de Murcia (Burgos) se celebra, durante la procesión del día del Corpus Christi, el «Salto del Colacho». Para ello, un hombre que representa al diablo salta por encima de un colchón* en el que se colocan varios bebés. La gente del pueblo cree que así se libera a los niños de los malos espíritus y que, de este modo, quedan protegidos de algunas enfermedades.

La celebración de estos ritos pretende mantenerlos vivos en su tradición repitiéndolos año tras año.

Glosario

reliquia: algo que se venera por haber estado en contacto con un santo.

monja: mujer que pertenece a una orden religiosa.

incorrupto: no dañado.

escafandra: vestidura impermeable para permanecer debajo del agua.

ataúd: caja en que se entierra un cadáver.

colchón: especie de saco rectangular que se pone sobre la cama.

14 El hombre pez de Liérganes

En el siglo XVII vivió en Liérganes, un pueblo de Santander, un hombre que se convirtió en pez. Autores famosos como el padre Feijoo y el doctor Gregorio Marañón hablan en sus libros de esta extraña historia.

El 23 de junio de 1673, víspera de san Juan, Francisco de la Vega, un joven del pueblo, se fue a la playa a nadar con sus amigos. Nadó mar adentro hasta que desapareció de la vista. Sus compañeros lo esperaron durante varias horas, pero Francisco no volvió. Todo el mundo creyó que había muerto y con el tiempo se olvidaron de él.

Seis años más tarde, un velero que navegaba por el sur de España, en la bahía de Cádiz, recogió un ser extraño del mar. A primera vista parecía un hombre, pero tenía la piel cubierta de escamas*, como los peces. No sabía hablar y sólo emitía sonidos extraños.

Cuando corrió la noticia, el ser fue identificado como Francisco de la Vega, que había desaparecido en el mar en Liérganes. Un fraile lo llevó hasta su casa en Santander.

En su pueblo nadie podía explicarse cómo había estado tanto tiempo en el mar ni cómo pudo nadar desde el norte hasta el sur de España sin ahogarse. Le pidieron que contase lo ocurrido, pero él nunca volvió a hablar. Muchos curiosos fueron a verlo, pero él vivía aislado en su mundo, en silencio. Así pasó nueve años, comiendo sólo pescado crudo, hasta que un día, sin que nadie se diera cuenta, desapareció otra vez de forma misteriosa. Nunca se supo nada más de él. Muchos creyeron que había vuelto al mar.

El doctor Gregorio Marañón relata otro fenómeno similar. En 1838, varios testigos vieron en la ría de Requejeda, en Santander, a un hombre marino que se zambullía como un pez.

Como posible explicación, el doctor Marañón asegura que se trata de una alteración de las glándulas* endocrinas que provoca sequedad en la piel y menos necesidad de oxígeno. Esto le permite a quien padece esta enfermedad permanecer más tiempo dentro del agua.

Pero esto no explica por qué el hombre de Liérganes escogió el mar como medio de vida.

Glosario

escamas: placas duras que recubren a algunos animales, como los peces.
glándulas: órganos que segregan sustancias en el cuerpo.

15 El pulpo gigante de Cádiz

Hasta hace pocos años, los marineros imaginaban el fondo del mar poblado de seres fantásticos y monstruos temibles.

Uno de los más famosos era el pulpo gigante, un animal legendario que, desde la Antigüedad, dicen que vivía en el océano Atlántico, cerca del estrecho de Gibraltar. Muchos dudaban de su existencia y pensaban que se trataba de un mito. Hasta que un barco se encontró con él.

El 30 de noviembre de 1861, el navío francés *Alecton* navegaba por aguas españolas, de Cádiz a Tenerife, al mando del capitán Bouyer. El día era claro, el mar estaba en calma y los vientos eran favorables.

De repente, el vigía dio la voz de alarma: por el horizonte se aproximaba una criatura de aspecto amenazador.

Cuando ésta se acercó al barco, la tripulación y los oficiales la observaron aterrorizados. El capitán Bouyer escribió un informe para el Ministerio de Marina francés.

La describió como un calamar* gigantesco, de una especie desconocida, y con una cola muy extraña. El cuerpo medía unos seis metros de largo y la boca parecía el pico de un gran loro. La cabeza estaba rodeada de poderosos tentáculos* que medían casi dos metros. Era de color rojizo, de consistencia pegajosa y de aspecto repulsivo y terrible.

Los marineros del *Alecton* pensaron que nadie los creería y decidieron capturarlo. Primero le dispararon con balas y después le lanzaron los arpones. Pero la piel del monstruo era muy dura y ni siquiera consiguieron herirlo. Se resistía y se agitaba, y el oleaje que provocaban sus tentáculos ponía en peligro el barco.

Con una cuerda hicieron un gran lazo. Tras varios intentos, se lo pasaron por la cola. La lucha fue angustiosa y el pulpo gigante logró escapar. Pero los marineros consiguieron cortarle un trozo pequeño de la cola, que quedó apresado en el lazo. Pesaba veinte kilos. El trofeo fue la prueba de que los marineros del *Alecton* no mentían.

Con el tiempo, el trozo de la cola se ha perdido y ahora sólo queda el informe del capitán Bouyer. Si el encuentro con el monstruo no fue una alucinación de la tripulación, quizá el pulpo gigante siga vivo, aunque le falte un pedazo de cola. Y quizá vuelva a surgir, algún día, de las profundidades del océano.

Glosario

calamar: molusco marino.

tentáculos: apéndices que sirven como órganos del tacto y para la presión.

BIBLIOGRAFÍA

ARCHER, JULES: «Cavemen of the Canaries», en *Lookout Magazine*. Fuengirola, octubre 1987.

ATIENZA, JUAN G.: *Guía de la España mágica*. Ed. Martínez Roca. Barcelona, 1981.

— *Segunda guía de la España mágica*. Ed. Martínez Roca. Barcelona, 1982.

— *Guía de las brujas en España*. Ed. Ariel. Barcelona, 1986.

— *Los supervivientes de la Atlántida*. Ed Martínez Roca. Barcelona, 1978.

— «Las vírgenes negras», en *Revista Integral*, Barcelona, mayo 1990.

ATTWATER, DONALD: *The Penguin Dictionary of Saints*. Ed. Penguin. London, 1965.

BAIGENT, MICHAEL; LEIGH, RICHARD, y LINCOLN, HENRY: *The Messianic Legacy*. Ed. Jonathan Cape. London, 1986.

BRENAN, GERALD: *Al Sur*.